M000220312

Maxime et le canard

Patrick Dannais

HACHETTE
Français langue étrangère

Dans la même collection :
Rémi et le mystère de Saint-Peray d'Annie Coutelle, niveau A1
Thomas et la main jaune d'Éric Vattier, niveau A1/A2
Julie est amoureuse de Michel Guilloux, niveau A2/B1
Emma et la perle blanche de Danièle Hommel niveau B1

Couverture : Anne-Danielle Naname
Conception de la maquette intérieure : Anne-Danielle Naname
Mise en page : Isabelle Abiven
Illustrations : Matthieu Forichon
Rédaction des activités : Marie-Caroline Janda

ISBN : 978-2-01-155583-0
© Hachette Livre 2007, 43, quai de Grenelle, F 75905 Paris Cedex 15.
www.hachettefle.fr

Sommaire

Chapitre 1

L'accident

Les Québécois disent que dans leur pays, il y a deux saisons : l'hiver et le mois de juillet ! Et en ce début de printemps, il fait aussi froid au Canada que pendant le plus froid des hivers français. Le dégel[1] commence à peine : les canots descendent au milieu de gros morceaux de glace sur la rivière Jacques-Cartier entourée

---

1. Le dégel : la fonte de la glace.

de forêts blanches de neige. Dans le ciel violet, le soleil est d'un orange pâle comme s'il n'avait plus la force de réchauffer la Terre.

Uutaaq, le guide, n'a pas prononcé trois mots depuis le départ. Plus petit que Maxime, qui navigue dans le même canot que lui, le vieux trappeur[2] a passé sa vie sur les rivières et dans les forêts canadiennes. Il a de larges épaules et des mains énormes. Sa peau brune, ses yeux bridés[3], ses cheveux encore très noirs indiquent des ancêtres[4] asiatiques. Mitek, son chien, est couché à ses pieds. En langue inuit[5], Mitek signifie canard. Cet animal occupe beaucoup trop de place pour porter un nom pareil mais c'est comme cela qu'Uutaaq l'appelle.

Il fait presque noir quand ils arrivent en vue de la cabane où ils doivent passer la nuit. Le canot de Marc et d'Étienne s'est avancé à la hauteur de celui d'Uutaaq. Le regard de Marc porte au loin ; on dirait un vieil Esquimau[6] au

---

2. Un trappeur : un chasseur.
3. Yeux bridés : forme de certains yeux, asiatiques notamment.
4. Un ancêtre : personne dont on descend (grand-père, arrière grand-père, etc.).
5. Inuit : ici, langue parlée par les Inuits, les habitants du Nord canadien.
6. Un Esquimau : un Inuit.

début de la saison de la chasse. Devant lui est assis Étienne.

Maxime, qui a entendu ses amis rire toute la journée dans les deux canots derrière le sien, est très content de plaisanter un peu avec son camarade. Pour s'amuser, il prend sa pagaie comme si c'était une arme et surveille les environs à la façon des trappeurs. Ça fait des heures qu'il a pour seuls compagnons un vieil Inuit muet et un chien. Il est prêt à toutes les folies pour évacuer la tension de cette journée de silence sur la rivière. Soudain, il se tourne vers Étienne et fait semblant d'envoyer

la pagaie[7] dans sa direction. C'est un jeu, bien sûr. Il ne veut pas toucher son camarade et encore moins le blesser. Mais il est si rapide qu'Étienne se jette en arrière pour éviter le coup qui arrive droit sur lui.

Uutaaq connaît les mouvements qu'on peut faire sur un canot et ceux qu'on doit éviter. Il voit tout de suite ce qui va arriver mais justement parce qu'il est sur un canot, il ne peut rien faire. Il crie : « Attention ! »

Marc fait alors l'erreur de se pencher vers Étienne pour le retenir. Leur canot est déséquilibré, on entend un cri et les deux Français basculent[8] dans l'eau glacée de la rivière.

La scène n'a pas duré deux secondes.

---

7. Une pagaie : une rame courte.
8. Basculer : tomber.

Chapitre 2

Le sauvetage

« *N* e bouge pas ! », ordonne Uutaaq.

Maxime n'a aucune intention de bouger. L'eau est à 5 ou 6 degrés. Un homme ne peut pas survivre plus de quelques minutes dans ces conditions. Près du canot renversé, Marc et Étienne flottent grâce à leurs gilets de sauvetage, au milieu des morceaux de glace et du matériel renversé dans l'eau. Ils réussissent

très vite à rejoindre leur canot mais ensuite ils sont incapables de remonter à l'intérieur et la rivière commence à les entraîner au loin. Étienne respire avec difficulté. Il tremble de tout son corps et ses lèvres sont bleues de froid.

« Je vous tire jusqu'à la berge[1], crie Uutaaq. Tenez-vous à notre canot ! Étienne, de ce côté ! Marc, de l'autre ! Maxime, ne te retourne pas ! Pagaie toujours du même côté ! Vite ! »

Ces ordres sont exécutés en quelques secondes et le canot se remet en marche. Alourdie par les deux nageurs, l'embarcation ne progresse pas vite. La rivière sur laquelle ils navigaient tout à l'heure si facilement semble maintenant vouloir garder ses deux victimes.

Ils approchent enfin de la crique[2]. La cabane est sur une hauteur, à la limite de la forêt. Uutaaq descend du canot pour aider Étienne, tandis que Maxime court au secours de Marc. Ils se dirigent tous les quatre vers la maison. À l'intérieur : une grande salle avec des lits superposés[3], des chaises, une table, une cheminée. Étienne s'assied et Maxime veut

---

1. La berge : le bord d'un cours d'eau.
2. Une crique : une partie de la berge formant un abri.
3. Des lits superposés : deux lits mis l'un au-dessus de l'autre.

l'aider à retirer son gilet de sauvetage mais son camarade l'arrête.

« Laisse, je vais le faire.

– Bon, dit Maxime d'une voix tremblante en se dirigeant vers la porte, je vais voir dehors si je peux récupérer vos affaires. Je vous laisse… »

Sur la rivière, Emma, Julie et Lucas ont déjà récupéré tous les caissons étanches et les ont remontés dans leur canot. Ils sont en train de remorquer[4] le canot renversé jusqu'à la crique. Assis sur un tas de neige, Mitek surveille l'opération. Il n'a pas un regard pour Maxime.

---

4. Remorquer : traîner quelque chose derrière soi.

Le garçon se sent rejeté et inutile.

Uutaaq leur avait pourtant recommandé de ne jamais faire de gestes brusques. Maintenant voilà, l'accident est arrivé. Il a trahi[5] la confiance que le groupe avait en lui.

---

5. Trahir : abandonner, tromper quelqu'un qui avait confiance en vous.

Chapitre 3

Le dîner

*P*artant de la cabane, un chemin de terre suit la rivière Jacques-Cartier ; un autre mène au sommet de la colline, à travers une forêt. Maxime prend ce deuxième chemin pour être seul et cacher sa honte. La forêt est profonde. Certains arbres sont aussi hauts que des immeubles. Lui, il ignore[1] leur nom – c'est un garçon de la ville, il connaît juste les sapins de Noël – mais soudain,

---

1. Ignorer : ne pas connaître, ne pas savoir.

il voudrait vivre parmi ces géants[2] et ne plus jamais rencontrer personne.

Arrivé en haut de la colline, il escalade un rocher en forme de tête d'oiseau et s'assied face à l'horizon. Il n'a pas le cœur à admirer le paysage sous la lune. Sa tête est pleine de désastres. La nuit est tombée, ça lui est égal. Il a froid et faim… Pas grave ! Ce qu'il a fait est terrible. Jamais il ne se le pardonnera.

Mais après une heure de lamentations solitaires, il décide de redescendre vers la civilisation. Dans la forêt, l'obscurité est presque totale. Il voit à peine le chemin qui mène à la rivière et il doit se tenir aux arbres pour ne pas tomber. D'après les Indiens qui vivaient dans cette région autrefois, les grands arbres ont une âme[3]. Maxime sent cette âme sous ses doigts. Ces mêmes Indiens appelaient la rivière Jacques-Cartier *Lahdaweoole*, « Venant de loin ». Lui aussi a l'impression de venir de loin, de ne pas être à sa place.

Dans la cabane, Uutaaq fume une pipe, assis devant la cheminée. Il ne dit rien en

---

2. Un géant : ici, un arbre très grand.
3. Une âme : ce qui permet de penser, d'éprouver des sentiments.

voyant Maxime rentrer, il ne dit jamais rien. Maxime n'ose[4] pas s'approcher de lui. Les autres dorment. C'est aussi bien comme ça. S'il mange ici, il va les réveiller. Il prend le sac de nourriture posé sur la table et sort de la cabane pour aller manger dehors.

Mitek est couché dans la neige, devant la porte. Dans la nuit, il semble encore plus gros que dans la lumière du jour. Tu parles d'un canard !

---

4. Oser : avoir le courage de.

« Salut Coin-Coin, fait doucement Maxime. Tu as faim ? Viens, je vais te donner du saucisson... »

Mitek dresse la tête. Ses yeux bleus brillent dans l'obscurité.

« Il y a aussi du chocolat, continue le garçon. On va manger ensemble, on n'a pas besoin d'eux. »

Ils s'installent au bord de la rivière et commencent leur repas, assis l'un auprès de l'autre. C'est un moment de bonheur après cette journée affreuse : ils sont seuls sous les étoiles et ils partagent quelque chose.

Mais ce moment ne dure pas longtemps. Un bruit dans la forêt attire l'attention de Mitek. La nuit est trop noire pour que Maxime voit ce dont il s'agit et la rivière fait trop de bruit pour qu'il entende quelque chose.

« Tu as vu un lapin ? » demande-t-il au chien, maintenant immobile comme une statue.

« Laisse ce sac et viens ici », fait une voix derrière lui.

C'est Uutaaq. Il se tient devant la cabane, la pipe à la bouche.

« Mais je n'ai rien fait, proteste Maxime. Je lui ai juste donné un peu de saucisson… »

« Laisse ce sac et viens, je te dis. Ne fais pas de gestes brusques. Ne te retourne pas. »

Ne te retourne pas ?

Maxime distingue alors un bruit sur sa gauche. Ce n'est pas la rivière. C'est quelque chose de vivant, quelque chose qui respire avec force, comme un très gros chien, et qui vient vers lui. Il fait exactement ce qu'Uutaaq a dit. Il se lève sans prendre le sac et marche doucement vers la cabane. C'est comme si elle était à un kilomètre. Même s'il le voulait, il

ne pourrait pas courir. Ses jambes pèsent des tonnes, son cœur cogne[5] comme une horloge de campagne. Il a l'impression que la chose va lui sauter dessus d'une seconde à l'autre.

Enfin il arrive auprès d'Uutaaq et à ce moment seulement, il se retourne.

Un énorme ours noir se tient devant le sac. Toute la lumière de la lune semble tomber sur son énorme gueule[6] rouge et blanche. Dressé sur ses pattes arrières, il tente d'effrayer le chien mais celui-ci ne recule pas d'un centimètre. La tête dans les épaules, les dents dehors, il grogne en direction du monumental habitant des forêts.

« Est-ce qu'ils vont se battre ? murmure Maxime.

– Mitek va l'attaquer pour lui montrer qu'il n'a pas peur, répond Uutaaq. Mais ils ne se battront pas. L'ours est plus fort mais il n'est pas aussi rapide que Mitek.

– Mitek va attaquer un ours ? »

Le chien a cessé de grogner. Il est maintenant à demi couché, comme un loup. L'ours se baisse pour protéger son ventre mais soudain

---

5. Cogner : frapper fortement.
6. La gueule : la bouche de certains animaux.

Mitek saute en avant et mord le monstre à la patte. L'ours recule en poussant un cri de colère et de douleur. Le chien s'écarte puis bondit[7] de nouveau et de nouveau réussit à mordre l'ours ; mais cette fois l'ours ne recule pas. Il se dresse sur ses pattes arrière et lance un grognement[8] plus fort que le bruit de la rivière. On doit l'entendre jusqu'en haut des montagnes. Alors seulement le chien s'éloigne et abandonne le saucisson, le chocolat et toutes les bonnes choses qu'il y a encore dans le sac.

---

7. Bondir : sauter.
8. Un grognement : ici, cri de l'ours.

La nourriture, c'est tout ce qui intéresse l'ours. C'est pour cela qu'il est venu jusqu'ici, pas pour se battre avec un chien de traîneau. D'un coup de patte, il attrape le sac et sans plus s'occuper de Mitek, s'éloigne dans la nuit. Uutaaq remet sa pipe dans sa bouche sans dire un mot.

« In-cro-ya-ble », fait une voix derrière eux.

C'est Julie, sa caméra digitale à la main. Elle a filmé toute la scène.

Chapitre 4 Disputes

*T*out le monde est debout dans la cabane. Emma et Étienne ont le nez dans la caméra numérique de Julie. L'excitation est à son comble[1].

« Un ours noir !… Et Mitek, mais regardez Mitek !

---

1. À son comble : à son maximum.

– Qu'est-ce qui nous reste à manger ? demande Marc.

– Euh..., fait Maxime. Du pain, du beurre, une tablette de chocolat aux noisettes. Vous aimez les noisettes ?

– Tu te crois drôle ? demande Lucas. Qu'est-ce que tu faisais dehors avec le sac de nourriture ? Parce que si j'ai bien compris, l'ours n'a pas frappé à la porte. Rassure-moi, je dormais, je n'ai rien entendu. Toc, toc, vous n'auriez pas un fromage en trop, par hasard ? Il va peut-être revenir pour nous demander le beurre, aussi ? Maintenant que vous êtes super copains, tous les deux...

– Lucas... proteste doucement Julie.

– Je suis allé manger dehors pour ne pas vous réveiller, se défend Maxime.

– Pour ne pas nous réveiller ? Pourquoi tu n'as pas dîné avec nous ? Qu'est-ce que tu es allé faire dans la forêt ?

– Lucas ! fait Étienne.

– Quoi, « Lucas » ? C'est vrai, non ? C'est à cause de lui que vous êtes tombés à l'eau et maintenant on n'a plus rien à manger. Comment on va faire ? Il nous reste un jour et demi de voyage. Vous êtes malades et on n'a plus de nourriture !

– Ça suffit ! dit Marc. Personne n'est malade. Il reste du pain et des conserves. On est tous fatigués. Demain on avisera[2]. Maintenant, tout le monde au lit. »

« Je suis devenu l'ennemi public numéro un », se dit Maxime une fois dans son lit. Il n'a aucune envie de dormir. Il veut aller caresser le chien. C'est le seul ami qui lui reste, et quel ami ! Il s'est battu contre un ours affamé pour lui sauver la vie. Est-ce que les autres dorment ? Il

---

2. Aviser : réfléchir, prendre une décision.

jette un oeil par-dessus son sac de couchage. Le feu meurt dans la cheminée. Tout le monde a l'air de dormir, même Uutaaq. Le plus silencieusement possible, il sort une jambe de son sac de couchage, sort l'autre, descend du lit, avance un pied, avance l'autre... Sur la table, un morceau de pain, une tablette de chocolat... Il arrive à la porte.

« Maxime ! »

C'est Marc.

« Oui ?

– Retourne immédiatement te coucher !

– Mais je n'ai pas dit bonne nuit à Mitek et je ne peux pas dormir...

– Compte des moutons. Et que je ne t'entende plus, compris ? »

Le garçon se recouche avec l'impression de porter une montagne sur les épaules. Il a faim, il a froid, il est seul. Personne ne le comprend, personne ne l'aime. Ses meilleurs amis ont pris un bain glacé par sa faute, un ours l'a attaqué, et maintenant ils vont tous mourir de faim.

La pire journée de sa vie !

Chapitre 5 L'arc inuit

Une tempête se lève dans la nuit. Le vent souffle dans les arbres. La rivière grossit. Il doit pleuvoir là-haut, dans les montagnes. Maxime fait un cauchemar. Il descend la rivière en canot avec Marc et Étienne. Ils vont très vite, il y a des vagues, des rochers, de la glace. Soudain, Marc et Étienne tombent dans la rivière et il entend ses amis crier « Au secours !

Au secours ! » Après beaucoup de difficultés, il réussit à amener le canot jusqu'à eux mais au moment où il leur tend enfin la main, il s'aperçoit qu'ils se sont transformés en ours et l'un d'eux le mord à l'épaule et le secoue de toutes ses forces...

Il se dresse sur son lit, les yeux grand ouverts.

« Chuuut, fait Uutaaq. Habille-toi. »

L'ours, c'était le vieux trappeur qui lui secouait l'épaule.

Qu'est-ce qui se passe ?

Il est 4 heures du matin, tout le monde dort. Maxime se lève et s'habille sans poser de questions. Uutaaq n'est pas un homme à qui on pose des questions. Deux minutes plus tard, le trappeur et le garçon sortent de la cabane et s'enfoncent dans la nuit.

Mitek les attend à l'entrée de la forêt. En voyant Maxime, le chien bat de la queue et s'avance pour recevoir une caresse. Ils prennent le chemin de la colline que Maxime connaît déjà. Le vent s'est arrêté. On ne voit plus aucune étoile dans le ciel. L'air est humide, il va pleuvoir. Le silence de la forêt est traversé de bruits mystérieux, comme si tous les arbres respiraient ensemble. Il fait très sombre. On entend Mitek courir devant mais on ne le voit pas.

Ils arrivent au rocher en forme de tête d'oiseau. Est-ce qu'Uutaaq l'a suivi jusqu'ici, hier, pour s'assurer qu'il ne lui arriverait rien ? Le vieil Inuit se tourne vers Maxime. Il tient à l'épaule un sac long comme le bras et très léger. Il l'ouvre. À l'intérieur, il y a un arc[1] et des flèches.

---

1. Un arc : une arme avec laquelle on lance des flèches.

« Autrefois, commence le vieil homme, quand mon peuple vivait dans le pays des glaces, nous ne connaissions ni le bois ni le métal. Nous fabriquions nos outils[2] avec ce qu'il y avait sur la glace : des os[3] et des pierres. J'ai reçu cet arc de mon père qui l'avait reçu du sien. Maintenant, regarde bien ce que je vais faire. »

Uutaaq met un genou à terre, le dos bien droit et lève l'arc. Il se concentre un instant. Soudain une flèche s'envole et va se planter dans un arbre, à quinze mètres de là.

Le trappeur donne ensuite l'arc à Maxime.

Maxime a déjà tiré à l'arc mais jamais avec un instrument aussi primitif. La première flèche qu'il essaie d'envoyer tombe devant lui au lieu de s'envoler. Il essaie encore et la flèche tombe de nouveau. Avec une autre personne qu'Uutaaq, il se plaindrait ou plaisanterait. Mais là, dans la nuit, avec ce vieil homme silencieux, il ne trouve rien à dire. Il se concentre de son mieux et tire encore, et encore, et enfin une flèche se plante dans l'arbre.

---

2. Un outil : un instrument utilisé dans le travail manuel, pour créer des objets.
3. Un os : une partie du squelette humain ou animal.

« Bien », dit Uutaaq.

Maxime ne trouve pas que ce soit « bien », il trouve que c'est carrément génial ! Mais il préfère ne rien dire.

Ils recommencent à marcher. Comme tout à l'heure, Mitek avance en tête. Mais à présent, c'est Maxime qui porte l'arc.

« Où allons-nous ? se demande-t-il. Qu'est-ce que je vais devoir faire avec cet arc ? Nous sommes dans un parc national, c'est interdit de chasser... » Mais il ne dit rien de ce qu'il pense et essaie de suivre Mitek le plus silencieusement possible.

Chapitre 6 — Le canard

*I*ls descendent dans une vallée, du côté opposé à la rivière. La forêt est moins épaisse. Bientôt il n'y a plus que quelques arbres ici et là. Il fait toujours nuit et on ne voit presque rien. Le sol est humide, l'herbe haute. Ils accélèrent. À un moment ils courent, puis Uutaaq s'arrête, examine le ciel. Mitek se tient à côté de lui, les yeux à demi-fermés. Uutaaq lui lance un ordre en langue inuit, le chien s'assied puis le vieux trappeur se tourne vers Maxime.

« Viens ! »

Ils recommencent à courir, laissant Mitek derrière eux.

Uutaaq court très vite. Il y a beaucoup d'eau autour d'eux, à présent. Ils sont dans un marais[1]. Devant, on devine une grande surface sombre et brillante : un lac.

---

1. Un marais : une étendue d'eau de faible profondeur.

Uutaaq ralentit l'allure. Il avance le corps plié en deux. Maxime fait de son mieux pour l'imiter. Il évite l'eau et les pierres, il respire doucement et fait très attention à ne pas abîmer[2] l'arc. Uutaaq s'arrête. Il écoute, repart, s'arrête de nouveau, écoute. Ce qu'il entend semble lui plaire car cette fois il ne bouge plus et fait signe à Maxime de s'asseoir. Les herbes forment un mur autour d'eux et on ne voit presque plus rien. Ils doivent être à trois cents ou quatre cents mètres de l'endroit où ils ont laissé Mitek.

---

2. Abîmer : casser.

Maxime écoute de toutes ses forces. D'abord il n'entend que le vent dans l'herbe et l'eau du lac. La nature dort. Puis il y a un bruit – un bruit d'oiseau, le seul bruit d'oiseau sans doute qu'un jeune citadin soit capable d'identifier.

« Coin-coin… »

Des canards ! Ils vont chasser le canard ! Avec un arc et des flèches ?!

Maxime n'a jamais chassé de sa vie et il ne peut pas imaginer qu'on puisse tuer un canard avec ce vieil arc inuit. En plus, c'est interdit de chasser dans un parc national. Est-ce qu'il n'a pas assez fait de bêtises comme ça, hier ? Qu'est-ce que les autres vont dire quand ils apprendront à quoi il a occupé sa matinée ?

Il touche l'épaule d'Uutaaq et lui tend l'arc. Mais Uutaaq secoue la tête, pose un doigt sur le front de Maxime et lui indique qu'il n'y a pas de soucis à se faire. Le garçon voudrait protester. Il ne sait pas tirer à l'arc, il ne sait même pas où sont les canards. Il les entend quelque part devant lui mais ils l'entendront, eux aussi, et ils s'envoleront. Il va se ridiculiser avec son arc et ses flèches !

Cependant, il fait ce qu'Uutaaq lui demande et garde l'arc.

Ils restent longtemps cachés dans l'herbe, sans bouger ni parler. Maxime ne regarde pas sa montre – les chasseurs inuits n'ont pas de montre. Il se concentre sur les canards. On les entend très bien, à présent. Tout à l'heure, ils étaient au milieu du lac. Maintenant ils ne sont plus qu'à vingt ou trente mètres. Maxime répète dans sa tête le geste qu'Uutaaq lui a appris. Un genou à terre, le dos bien droit…

Le soleil se lève. L'horizon blanchit. On commence à mieux distinguer la forme des nuages dans le ciel.

Enfin Uutaaq fait signe à Maxime de se tenir prêt.

Presque aussitôt, on entend des coin-coin affolés, et des dizaines de canards arrivent droit sur les deux chasseurs cachés dans l'herbe. Les oiseaux sont à moins de cinq mètres du sol quand ils aperçoivent les deux hommes. D'un coup d'aile ils tournent tous ensemble sur la gauche. Maxime tire. Il prend une deuxième flèche mais les canards sont déjà loin.

Le silence revient. Le garçon respire comme s'il avait couru pendant des heures. Tout est allé tellement vite qu'il n'a pas vu s'il avait touché un canard. Uutaaq se lève. Il crie quelque chose en langue inuit. Maxime entend un grand bruit dans l'herbe et Mitek réapparaît.

Dans la gueule du chien, il y a un canard transpercé d'une flèche.

Chapitre 7

Un vieux proverbe inuit

Ce n'est pas le bruit qui réveille les dormeurs, c'est une délicieuse odeur de viande sur le feu.

« Comment vous allez ? demande Maxime.

– Beaucoup mieux », répondent Marc et Étienne en souriant.

Ils toussent un peu. Ils vont avoir un bon rhume, mais rien de grave.

« Qu'est-ce que c'est ?, demande Julie en montrant le canard sur le feu.

– Oh, rien, dit Maxime. Uutaaq, Mitek et moi, nous sommes allés chasser en vitesse quelque chose pour le petit déjeuner. »

Lucas saute en l'air.

« Un... vous... dans un parc national ? Tu es complètement malade ! »

Mais Uutaaq le silencieux répond :

« Un vieux proverbe inuit dit : Entre le canard et l'homme, choisis le canard. »

Personne ne comprend ce que ça veut dire mais l'éclat de rire est général et Lucas est bien obligé d'oublier sa mauvaise humeur.

Et puis il a faim, et une longue journée de canot les attend.

Activités

Chapitre 1

Coche la bonne réponse.

1. L'histoire se déroule :
a. en juillet ⭕
b. au printemps ⭕
c. en hiver ⭕

2. Mitek est :
a. un canard ⭕
b. un Inuit ⭕
c. un chien ⭕

3. Le groupe arrive à la cabane :
a. dès l'aube ⭕
b. en fin de journée ⭕
c. pendant la nuit ⭕

4. Marc a l'attitude :
a. d'un Esquimau ⭕
b. d'un trappeur ⭕
c. d'un ours ⭕

5. Maxime est content :
a. d'avoir passé la journée en silence ⭕
b. de pouvoir s'amuser avec ses amis ⭕
c. d'être sur le canot le plus rapide ⭕

6. Étienne et Marc tombent à l'eau :
a. parce qu'ils sont déséquilibrés ⭕
b. parce qu'ils se battent avec leurs pagaies ⭕
c. parce que leur canot les renverse ⭕

7. Le vieil Inuit :
a. bascule lui aussi dans l'eau glacée ⭕
b. ne peut pas empêcher l'accident ⭕
c. sait comment éviter l'incident ⭕

2 **Qui est qui ? Associe.**

1. Mitek   a. le héros de l'histoire
2. Uutaaq   b. l'accompagnateur
3. Marc   c. un chien
4. Maxime   d. un guide inuit

3 **Complète cette publicité sur le Canada.**

Le printemps est la .... idéale pour découvrir le
.... Vous pourrez descendre la rivière ....
en .... et vous émerveiller des .... encore
couvertes de neige. Un .... vous entraînera dans
des lieux insolites où vous pourrez apprendre à chasser
comme un vrai .... et dormir dans une ....
loin du stress de la ville ! Un week-end .... !

Chapitre 2

4 **Vrai ou faux ?**

	Vrai	Faux
1. Marc et Étienne n'ont pas de gilet de sauvetage.	O	O
2. Marc et Étienne sont entraînés par la rivière.	O	O
3. Étienne parvient à remonter dans son canot.	O	O
4. Uutaaq demande à Maxime de pagayer très vite.	O	O
5. Ils vont dormir dans une cabane située dans une plaine.	O	O
6. Arrivé à la cabane, Étienne refuse l'aide de Maxime.	O	O
7. Julie, Emma et Lucas n'ont pas pu récupérer le matériel renversé.	O	O
8. Maxime se sent mal à l'aise vis-à-vis du groupe.	O	O

Associe les mots et leurs contraires.

1. flotter
2. alourdir
3. tirer
4. accueillir
5. trahir
6. bouger

a. rejeter
b. rester immobile
c. couler
d. être loyal
e. pousser
f. alléger

Complète les phrases avec les mots de l'activité 5a.

1. Les gilets de sauvetage permettent de ....
2. Ils rament avec force pour .... de l'eau les deux garçons.
3. Les vêtements mouillés risquent d'............. les nageurs.
4. Uutaaq demande de ne pas .... pour garder l'équilibre du bateau.
5. Maxime a désobéi mais il n'avait pas l'intention de .... ses amis.

Chapitre 3

Le résumé du chapitre a été mélangé. Remets-le dans l'ordre.

1. Il trouve en Mitek un nouvel ami, avec qui il veut partager son repas.
2. Il éprouve des difficultés à rentrer car l'obscurité est presque totale.
3. Malgré tous les efforts de Mitek, l'ours parvient à emmener le sac de nourriture avec lui.
4. Maxime se sent plus serein après cette affreuse journée.
5. Maxime est si malheureux qu'il décide de se balader seul dans la forêt.
6. Uutaaq, très bon trappeur, a entendu l'arrivée de l'ours.

7. Pour ne pas réveiller les autres, Maxime prend le sac de nourriture et sort de la cabane.
8. Mais soudain, Uutaaq demande à Maxime de venir près de lui.
9. Dans la cabane, seul Uutaaq est éveillé.
10. Mais une heure plus tard, il prend le chemin du retour.
11. Quand l'ours est enfin parti, Maxime s'aperçoit que Julie a filmé la scène !

7a **Relève les mots et les expressions, dans les deux premières pages du chapitre 3, qui expriment la tristesse et la solitude de Maxime.**

7b **Avec les mots et les expressions de l'activité 7a, rédige une phrase pour décrire ce que ressent Maxime.**

8 **Maxime préfère se balader dans la forêt. À ton avis, quelle est la réaction de ses amis ? Imagine leur conversation pendant leur dîner.**

Chapitre 4

9 **Retrouve dans le texte les phrases qui ont le même sens que les expressions suivantes.**
1. Emma et Étienne regardent la caméra de très près.
2. Tu te trouves amusant ?
3. Peut-être auriez-vous un fromage en plus ?
4. Demain on y réfléchira.
5. Il regarde rapidement par-dessus son sac de couchage.

10 Enrichis ton vocabulaire. Classe ces mots selon deux catégories : « meilleur ami » ou « ennemi public numéro un » ?

adversaire – rival – alter ego – sincère – prédateur – fidèle – fiable – dévoué – opposé – bienfaisant – nuisible – allié – loyal – malfaisant – hostile

11 Retrouve les mots cachés dans ce tableau. En rassemblant les lettres restantes, tu découvriras l'objet de la discorde entre Maxime et ses copains.

ennemis – conserves – mouton – ours – dormir – seul – proteste – cheminée – pain – affamé – vie

C	H	E	M	I	N	E	E
O	A	P	A	I	N	O	D
N	F	R	I	M	R	E	O
S	F	O	V	O	T	N	R
E	A	T	I	U	S	N	M
R	M	E	E	T	E	E	I
V	E	S	N	O	U	M	R
E	R	T	E	N	L	I	U
S	U	E	O	U	R	S	R

Chapitre 5

12 Corrige les erreurs qui se sont glissées dans ce résumé.

Maxime est réveillé par un cauchemar. Il se lève et demande à Uutaaq pourquoi il est déjà habillé, alors qu'il est 3 heures du matin. Mais comme à son habitude, le vieux trappeur ne dit pas un mot et entraîne Maxime dehors. Tous deux éprouvent des difficultés à marcher dans la forêt car le vent souffle très fort. Heureusement, le ciel est bien étoilé. Arrivés à un rocher, Uutaaq raconte qu'il a fabriqué son arc avec du bois et ses flèches avec de l'aluminium. Après avoir fait une démonstration de son talent, il souhaite que Maxime essaie lui aussi de tirer. Mais ce dernier hésite car il n'a jamais tiré à l'arc. D'ailleurs, il se plaint car il n'y arrive pas. Ensuite, après l'exploit de Maxime, ils continuent leur route. Pour une fois, Maxime connaît la destination et l'objectif de cette marche.

13 **Associe les personnages et leurs caractéristiques.**

a. réveille Maxime

b. n'ose pas poser de questions

c. fabriquaient des outils en os et en pierre

1. Marc et Étienne

2. Maxime

d. est un homme silencieux

3. Uutaaq

e. tombent dans l'eau glacée

4. Les ancêtres d'Uutaaq

f. tire plusieurs fois à l'arc avant de réussir

g. réussit son tir du premier coup

h. s'interroge sur la destination de leur voyage nocturne

Chapitre 6

14 **Vrai ou faux ? Justifie ta réponse.**
1. Plus Maxime et Uutaaq s'avancent dans la forêt, plus les arbres sont espacés.

2. Comme tous les citadins, Maxime sait reconnaître les chants des oiseaux.
3. Un parc national est un parc réservé uniquement à la chasse.
4. Uutaaq pose un doigt sur le front du garçon pour le rassurer.
5. Maxime a peur de se ridiculiser s'il doit utiliser l'arc.
6. Maxime regarde sa montre.
7. Maxime tire deux flèches.
8. Seul Mitek réussit à attraper un canard.

15 Chasse l'intrus.
1. le marais – le lac – la rivière – l'herbe
2. le front – le corps – les genoux – le dos
3. accélérer – abîmer – ralentir – s'arrêter
4. toucher – apercevoir – distinguer – examiner

16 Complète ces phrases avec un mot de l'activité 15.
1. .... coule dans la vallée.
2. Les chasseurs doivent .... pour arriver au lac avant le lever du soleil.
3. Uutaaq avance .... plié en deux.
4. Maxime n'est pas sûr d'avoir pu .... un canard.

Chapitre 7

17 As-tu bien lu ce chapitre ?
Réponds aux questions pour le savoir !
1. Qu'est-ce qui réveille les dormeurs ?
2. De quoi souffrent Étienne et Marc ?
3. Quelle est l'humeur de Lucas ? À quoi le voit-on ?
4. Comment réagissent les jeunes quand Uutaaq parle ?
5. Et toi, comment comprends-tu le proverbe inuit ?

**À qui appartiennent ces parties du corps ?
(Plusieurs solutions possibles.)**
les yeux – le front – les jambes – les pattes – les griffes
– la gueule – le bec – la bouche – les doigts – la fourrure
– les palmes – les ailes – le nez – le museau.
L'homme : ....
Le chien : ....
Le canard : ....
L'ours : ....

 **Imagine la nouvelle journée de Maxime et
ses amis au Canada.**

Corrigés

 1. b – **2.** c – **3.** b – **4.** a – **5.** b – **6.** a – **7.** b

 1. c – **2.** d – **3.** b – **4.** a

 Le printemps est la *saison* idéale pour découvrir le *Québec*. Vous pourrez descendre la rivière *Jacques-Cartier* en *canot* et vous émerveiller des *forêts* encore couvertes de neige. Un *guide* vous entraînera dans des lieux insolites où vous pourrez apprendre à chasser comme un vrai *trappeur* et dormir dans une *cabane* loin du stress de la ville ! Un week-end *inoubliable*!

1. faux «Marc et Étienne flottent grâce à leurs gilets de sauvetage » – **2.** vrai « la rivière commence à les entraîner au loin » – **3.** faux « ils sont incapables de remonter à l'intérieur » – **4.** vrai « Maxime, ne te retourne pas ! Pagaie toujours du même côté ! Vite ! » – **5.** faux « La cabane est sur une hauteur, à la limite de la forêt. » – **6.** vrai « Étienne s'assied et Maxime veut l'aider à retirer son gilet de sauvetage mais son camarade l'arrête. » – **7.** faux « Emma, Julie et Lucas ont déjà récupéré tous les caissons étanches et les ont remontés dans leur canot. » – **8.** vrai « je vais voir dehors si je peux récupérer vos affaires. Je vous laisse (…) Le garçon se sent rejeté »

 1. c – **2.** f – **3.** e – **4.** a – **5.** d – **6.** b

 1. flotter – **2.** tirer – **3.** alourdir – **4.** bouger – **5.** trahir

5 – 10 – 2 – 9 – 7 – 1 – 4 – 8 – 6 – 3 – 11

7ₐ seul – sa honte – il voudrait (…) ne plus jamais rencontrer personne – Il n'a pas le cœur à – Sa tête est pleine de désastres – lamentations solitaires

 7ᵦ Réponse possible : Maxime se sent si seul qu'il voudrait ne plus jamais rencontrer personne.

 8 Réponse libre

 9
1. Emma et Étienne ont le nez dans la caméra.
2. Tu te crois drôle ?
3. vous n'auriez pas un fromage en trop, par hasard ?
4. Demain on avisera.
5. Il jette un œil par-dessus son sac de couchage.

 10 Meilleur ami : loyal – allié – fiable - alter ego – dévoué – fidèle – bienfaisant – sincère
Ennemi public numéro un : opposé – adversaire – malfaisant – nuisible – rival – hostile – prédateur

 11 Les lettres restantes forment le mot « nourriture ».

12 Maxime est réveillé par Uutaaq. Il se lève mais ne demande pas à Uutaaq pourquoi il est déjà habillé alors qu'il est 4 heures du matin. Mais comme à son habitude, le vieux trappeur ne dit pas un mot et entraîne Maxime dehors. Ils n'éprouvent pas de difficultés à marcher car le vent s'est arrêté. Mais il n'y a aucune étoile dans le ciel. Arrivés à un rocher, Uutaaq raconte comment il a fabriqué son arc et ses flèches avec des os et des pierres. Après avoir fait une démonstration de son talent, il souhaite que Maxime essaie lui aussi de tirer. Il a déjà tiré à l'arc mais jamais avec un instrument aussi primitif. Mais il ne se plaint pas. Ensuite, après l'exploit de Maxime, ils continuent leur route. Mais, Maxime ne connaît pas la destination, ni l'objectif de cette marche.

13 1. e – 2. b ; f ; h – 3. a ; d ; g – 4. c

14 1. vrai « La forêt est moins épaisse » – 2. faux « le seul bruit d'oiseau sans doute qu'un jeune citadin soit capable d'identifier » – 3. faux « c'est interdit de chasser dans un parc national » – 4. vrai « Uutaaq (…) pose un doigt sur le front de Maxime et lui indique qu'il n'y a pas de soucis à se faire » – 5. vrai « Il va se ridiculiser avec son arc et ses flèches » – 6. faux « Maxime ne regarde pas sa montre – les chasseurs inuits n'ont pas de montre » – 7. faux « Il prend une deuxième flèche mais les canards sont déjà loin » – 8. faux « Dans la gueule du chien, il y a un canard transpercé d'une flèche »

 15 1. l'herbe – 2. les genoux – 3. abîmer – 4. toucher

16 1. La rivière – 2. accélérer – 3. le corps – 4. toucher

17 1. Les dormeurs sont réveillés par « une délicieuse odeur de viande sur le feu ».
2. Ils sont légèrement malades, puisqu'ils « toussent un peu » et auront certainement un rhume.
3. Lucas est de très mauvaise humeur. Il « saute en l'air » et se met en colère contre Maxime.
4. Tous les jeunes éclatent de rire.
5. Réponse libre

 18 L'homme : les yeux – le front – les jambes – la bouche – les doigts – le nez
Le chien : les pattes – la gueule – le museau
Le canard : le bec – les palmes – les ailes
L'ours : les pattes – les griffes – la gueule – la fourrure – le museau

19 Réponse libre

Notes

Achevé d'imprimer en France chez Mame
Dépôt légal : 09/2007 - Collection n° 41 - Edition 01
15/5583/8